AF357767

F

DÉCISION MINISTÉRIELLE

PORTANT MODIFICATION DE L'INSTRUCTION DU 14 AOUT 1837 SUR LE SERVICE INTÉRIEUR DES HÔPITAUX D'INSTRUCTION ET DE PERFECTIONNEMENT. (7.ᵉ Division ; Bureau des Hôpitaux.)

Paris, le 4 Février 1842.

Le Ministre, après avoir pris l'avis du Conseil de santé, a modifié ainsi qu'il suit l'Instruction du 14 août 1837, sur le service intérieur des hôpitaux militaires d'instruction et de perfectionnement.

ARTICLE 1.ᵉʳ

Direction de l'enseignement.

Dans les hôpitaux militaires d'instruction de Metz, Strasbourg et Lille, et dans l'hôpital militaire de perfectionnement (Val-de-Grâce), établi en vertu de l'art. 7 de l'ordonnance organique du 12 août 1836, les officiers de santé en chef, premiers professeurs, ont collectivement, sous le contrôle administratif du sous-intendant militaire et sous la surveillance scientifique du Conseil de santé, la direction de toutes les parties de l'enseignement.

L'un d'eux, sous le titre de président par quartier, a la direction du service pendant trois mois. La présidence appartient, à tour de rôle, à chacun des trois officiers de santé en chef titulaires, quel que soit son grade. Elle est dévolue d'abord au médecin en chef, et successivement au chirurgien et au pharmacien en chef. Le président par quartier veille à l'exécution des mesures arrêtées en Conseil par les trois premiers professeurs. Il reçoit et dépouille les dépêches adressées aux officiers de santé en chef, et les communique à ses deux collègues dans le plus bref délai possible. Il tient le registre de la correspondance, qui doit toujours être faite au nom des trois officiers de santé en chef, et signée par eux. Il préside toutes les réunions de professeurs qui ont lieu pendant son exercice. En cas d'empêchement, il est suppléé par celui qui doit exercer la présidence pendant le trimestre suivant.

ARTICLE 4.

Programme des cours adressé au Ministre.

Tous les ans, sur l'invitation du président par quartier, chaque professeur rédige et remet à son chef respectif le programme de son cours, par ordre et par division de matières. Il indique approximativement le nombre de leçons qu'il se propose de consacrer à chaque division. Les officiers de santé en chef, après s'être communiqué ces différents programmes, et les avoir, au besoin, modifiés suivant les exigences du service, les remettent au sous-intendant militaire, pour être adressés au Ministre, en double expédition, avant le 1.er octobre, ainsi que ceux des leçons qu'ils doivent faire eux-mêmes.

Une chaire devenue vacante ne peut être attribuée, même provisoirement, à un autre professeur, sans l'approbation du Ministre. Toutefois, en cas d'empêchement momentané, les leçons peuvent être faites par un professeur désigné par les officiers de santé en chef.

ARTICLE 6.
Réunion mensuelle des professeurs.

Les professeurs s'assemblent au moins une fois par mois, à un jour fixé par les trois officiers de santé en chef et sur la convocation du président par quartier, pour se communiquer leurs observations sur le service ; sur les maladies régnantes ; sur les épidémies et les moyens mis en usage pour les combattre ; sur les découvertes, les progrès récents de la science, et sur les applications à en faire au service des hôpitaux militaires ; pour se concerter sur les améliorations à produire d'eux-mêmes ou à proposer à l'administration pour le mieux-être des malades et pour le succès de l'enseignement.

Le professeur le moins ancien de grade remplit les fonctions de secrétaire. Le sous-intendant militaire assiste, toutes les fois qu'il le juge nécessaire, aux réunions mensuelles des professeurs.

Lorsqu'il y a lieu de nommer une commission pour éclaircir une question, les membres sont désignés par l'officier de santé en chef président par quartier, qui peut s'adjoindre à la commission ; dans ce cas, il la préside de droit, et s'il y a partage d'opinions, la voix du président est prépondérante.

Le résultat des délibérations de l'assemblée des professeurs est constaté par un procès-verbal, qui est inscrit sur un registre que signent tous les professeurs à la fin de chaque conférence. Ce registre est coté et paraphé par le sous-intendant militaire. Il se le fait représenter chaque fois qu'il le juge utile, afin de s'assurer de la tenue exacte des séances, et il l'arrête tous les ans, au 31 décembre.

ARTICLE 14.

Obligation pour divers de suivre tous les cours.

Les sous-aides attachés aux hôpitaux militaires d'instruction, ainsi que les sous-aides et élèves attachés à l'hôpital militaire de perfectionnement, sont tenus de suivre tous les cours professés dans ces établissements. Les sous-aides des autres hôpitaux de Paris peuvent suivre également les cours ouverts au Val-de-Grâce.

Toutefois, les chirurgiens sous-aides qui se destinent au service de la pharmacie, sont autorisés à en faire la déclaration en arrivant dans les hôpitaux d'instruction et dans les hôpitaux de Paris. Ils peuvent être alors dispensés de suivre les cours de médecine et de chirurgie.

L'intendant militaire de la première division donne des ordres pour que les sous-aides des hôpitaux de Paris qui se destinent au service de la pharmacie, soient tous attachés au Val-de-Grâce. Il en rend compte au Ministre.

ARTICLE 20.

Résultat des conférences.

Le résultat des conférences prescrites par l'article 16 est constaté par le président sur un état nominatif indiquant les sous-aides et élèves qui ont pris part aux discussions, ainsi que ceux qui n'ont pas été entendus.

Le président consigne sur cet état son opinion sur les progrès supérieurs, marqués, médiocres ou négatifs ; sur la promptitude à saisir et à développer les questions ; enfin, sur toutes particularités propres à déterminer le degré d'instruction des interlocuteurs.

Cet état est remis à l'officier de santé en chef, président par quartier, s'il n'a pas lui-même tenu la conférence.

ARTICLE 22.

Compte mensuel à rendre aux officiers de santé en chef.

Chaque professeur rend compte à son chef respectif, par un rapport mensuel, de la marche du cours dont il est chargé ; de ce qui a été enseigné et de ce qui reste à enseigner. Il joint l'état nominatif de ses auditeurs, indiquant ses remarques sur

l'assiduité, l'application de chacun, sur son aptitude, ses succès, sa tenue, et sur toutes les particularités scientifiques ou
morales qui ont frappé l'attention du professeur.

ARTICLE 23.

Fiches individuelles.

Les officiers de santé en chef se communiquent les notes di-
verses qui leur ont été fournies en exécution des articles 20,
21 et 22, et les remettent à celui d'entre eux qui les préside,
lequel les consigne sur les fiches individuelles, par cours, par
conférences et par exercices d'expérimentations manuelles.

Ces fiches deviennent, à la fin de l'année scolaire, la repré-
sentation exacte de la part que chaque sous-aide ou élève a
prise au cours général des études.

ARTICLE 24.

Séries formées pour les travaux d'anatomie.

Il est formé par le professeur d'anatomie, et sous la surveillance des officiers de santé en chef, des séries pour les travaux
d'anatomie à l'amphithéâtre : ces séries sont composées de
sous-aides et d'élèves, de manière à établir une sorte de mu-
tualité dans l'instruction pratique sur le cadavre.

ARTICLE 27.

Amphithéâtre d'anatomie, laboratoire, etc.

Il est établi dans chaque hôpital d'instruction et à celui de
perfectionnement :

1.° Un amphithéâtre d'anatomie et un cabinet d'anatomie
humaine, pathologique et comparée;

2.° Une bibliothèque qui reste ouverte jusqu'à dix heures du
soir;

3.° Un laboratoire de chimie, un cabinet de physique et
une salle d'expérimentations pour les sous-aides et élèves;

4.° Une collection d'histoire naturelle et de matière médicale;

5.° Une collection d'instruments de chirurgie pour les opérations et pour les autopsies;

6.° Un jardin botanique dans lequel sont exclusivement
cultivées les plantes médicinales indiquées au *Formulaire
pharmaceutique,* et qui croissent naturellement en France.

Chacun de ces services, suivant sa nature, est confié, sous
l'autorité des officiers de santé en chef, à la surveillance et à

la responsabilité d'un des officiers de santé professeurs, ainsi qu'il est indiqué ci-après.

Le jardin botanique est placé sous la direction du professeur de botanique.

ARTICLE 28.

(Supprimé.)

ARTICLE 3o.

Instruments et livres dont les sous-aides et élèves doivent être pourvus.

Les chirurgiens sous-aides titulaires et auxiliaires dans tous les hôpitaux militaires de l'intérieur et de l'Algérie, et les chirurgiens élèves dans les hôpitaux d'instruction et de perfectionnement, doivent être pourvus, à leurs frais :

1.° De scalpels pour les dissections ;
2.° D'une trousse complète (conforme, en tous points, au modèle adopté pour la giberne des officiers de santé) ;
3.° D'un lancetier de six lancettes au moins ;
(Chaque instrument doit être entretenu en bon état.)
4.° Du *Bulletin* du corps des officiers de santé de l'armée de terre et des officiers d'administration militaires (1).

Les chirurgiens élèves doivent également être pourvus, à leurs frais, des livres élémentaires suivants :

1.° Hipp. CLOQUET.—Anatomie descriptive..   2 vol.
2.° ROCHE et SANSON.—Nouveaux éléments de pathologie médico-chirurgicale. . . . .   5 id.
3.° SUBEIRAN.—Précis élémentaire de physique   1 id.
4.° ORFILA.—Éléments de chimie médicale...   3 id.
5.° RICHARD.—Éléments de botanique. . . . . .   1 id.

Tous les huit jours, l'aide-major de semaine fait une visite de ces livres et instruments, que le chirurgien en chef et les autres professeurs se font représenter inopinément le plus souvent possible.

ARTICLE 31.

Registre pour les pièces confectionnées.

Les pièces confectionnées par le préparateur et l'aide-pré-

___

(1) L'Administration a pris des arrangements avec l'éditeur du *Bulletin*, pour que MM. les chirurgiens sous-aides titulaires, auxiliaires et élèves n'aient à payer l'abonnement annuel que 4 fr. 50 c.

parateur d'anatomie sont inscrites sur un registre-catalogue spécial, coté et paraphé par le sous-intendant militaire, et tenu par le professeur d'anatomie.

Article 34.

Composition de la bibliothèque.

Les bibliothèques des hôpitaux d'instruction et de perfectionnement sont sous la surveillance du médecin-professeur le moins ancien de grade. Elles se composent d'ouvrages relatifs à toutes les branches de l'art de guérir, dont l'acquisition est jugée nécessaire au progrès et au complément des études.

Ce médecin-professeur tient le catalogue comptable et le catalogue méthodique prescrits par le réglement arrêté par le Ministre le 22 novembre 1839, et veille à l'exécution des autres dispositions de ce réglement.

Article 42.

Tenue du registre-catalogue.

Un registre-catalogue des instruments et ustensiles de physique et de chimie est tenu par le professeur de physique et de chimie. Ce registre présente l'indication et l'énumération de ce matériel, qui figure dans les comptes pour son prix d'achat, jusqu'à sa mise hors de service, à l'instar de ce qui est prescrit à l'article 37, pour les livres de la bibliothèque, et avec les mêmes formalités.

Un registre analogue est tenu par le professeur d'histoire naturelle, pour les objets composant les collections d'histoire naturelle et le droguier.

Article 45.

Instruments destinés à la pratique dans les salles.

Les mêmes règles s'appliquent à l'entretien et à la conservation des instruments destinés à la pratique des opérations sur le cadavre et dans le service des salles. Ils restent constamment en dépôt entre les mains du chirurgien en chef.

Le médecin en chef est chargé de la direction et du recueil des observations météorologiques, ainsi que de la conservation des instruments y relatifs.

Article 51.

Établissement d'un cadre pour les mises à l'ordre.

Dans chaque hôpital, il est fait choix de deux salles jugées les plus convenables, pour établir dans chacune d'elles un cadre avec grillage, destiné à recevoir les mises à l'ordre et notifications dont la connaissance importe aux officiers de santé, et notamment l'entrée en fonctions de chaque président par quartier, l'annonce des cours et la désignation des officiers de santé qui doivent professer, ainsi que le nom des aides-majors qui prennent le service de semaine.

Chaque avis est signé par les trois officiers de santé en chef, et revêtu du visa du sous-intendant militaire ; il doit rester affiché pendant huit jours.

Article 61.

Subordination des sous-aides et élèves sous le rapport du service de la médecine, de la chirurgie et de la pharmacie.

Dans chaque hôpital, les chirurgiens sous-aides et élèves employés dans les services de la médecine, de la chirurgie, ou de la pharmacie, sont, en tout ce qui concerne chacun de ces services, sous les ordres immédiats des officiers de santé de la profession à laquelle ce service ressortit.

Les chirurgiens sous-aides et élèves ne peuvent être distraits d'un service spécial pour vaquer à un autre qu'en vertu d'une délibération expresse des trois officiers de santé en chef.

Article 62.

Leur subordination sous le rapport de la discipline générale.

Pour tout ce qui est de discipline générale, ils sont tous sous les ordres et la direction de l'officier de santé en chef président par quartier.

Article 63.

Tenue du registre des punitions.

Le registre des punitions est confié au président par quartier.

Article 64.

Fautes commises dans un service spécial.

Pour les fautes commises dans un service, le chef de ce service, médecin, chirurgien ou pharmacien, inflige les punitions aux sous-aides et élèves mis à sa disposition. Les punitions sont inscrites sur le registre tenu, à cet effet, par l'officier de santé en chef président par quartier.

Article 69.

Attributions des aides-majors.

Les chirurgiens aides-majors et les pharmaciens du même grade sont spécialement chargés de constater, à tour de rôle, pendant une semaine, la présence des sous-aides et élèves, aux heures du service, dans les salles et aux différents cours et exercices, et de faire observer la discipline militaire, en ce qu'elle a d'applicable aux officiers de santé.

Au commencement de chaque trimestre, l'aide-major de semaine fait connaître, par une liste, à chaque officier de santé traitant, les noms des sous-aides et des élèves attachés à sa division par les officiers de santé en chef. Ces noms sont accompagnés, sur cette liste, des renseignements succincts fournis par les officiers de santé en chef, sur l'assiduité et les qualités personnelles de ces sous-aides et élèves.

Tous les matins, après l'appel, le président par quartier informe, par l'intermédiaire de l'aide-major de semaine, les officiers de santé traitants des mutations qui ont eu lieu dans leur service respectif, d'après décision des officiers de santé en chef.

Article 70.

Heures de rassemblement des sous-aides et élèves.

A six heures du matin en été, à sept heures en hiver, les sous-aides et élèves sont rassemblés à la chambre d'appareils de la chirurgie, ou à la pharmacie, selon le service auquel ils sont attachés.

Les chirurgiens sous-aides et élèves ne sortent de l'hôpital qu'à dix heures et demie, après la distribution des aliments du matin. Ils doivent être rentrés à onze heures et demie, pour l'ouverture de la première leçon des cours, où chaque professeur constate leur présence par un appel.

Les élèves se livrent ensuite aux divers exercices d'instruction déterminés par les réglements et les programmes, et ne sortent de nouveau qu'à quatre heures et demie, après la distribution des aliments du soir.

Chaque matin, les professeurs et l'aide-major de semaine font connaître sommairement, par un bulletin, aux officiers de santé en chef, premiers professeurs, les infractions qui auraient été commises par les chirurgiens sous-aides et élèves pendant les 24 heures, et les punitions qu'ils auraient encourues. Ces bulletins sont remis au président par quartier, qui les conserve, pour être consultés lors de la rédaction de l'état de notes à établir ultérieurement.

Un des professeurs, alternativement et par semaine, s'assure, pendant la visite du jour prescrite par les articles 775 et 776 du réglement du 1.er avril 1831, du bon emploi du temps par les élèves. Il constate leur présence par un appel à quatre heures et quart ; en cas d'absence, il consigne ses observations à ce sujet sur le bulletin mentionné au paragraphe précédent, qu'il doit viser. Le premier professeur président charge l'aide-major de semaine de visiter ceux des élèves qui n'ont pas répondu à l'appel, pour connaître le motif de leur absence.

Le président par quartier, sur la proposition des professeurs compétents, peut accorder aux chirurgiens élèves des permissions individuelles de sortie pour la journée ou une partie de la journée. Ces permissions sont toujours demandées avant la fin du service du matin. Il en est rendu compte au sous-intendant militaire.

ARTICLE 74.

Concours pour les emplois de préparateur et d'aide.

Les emplois de préparateur et d'aide-préparateur sont donnés au concours.

Ce concours a lieu le 20 novembre, et doit être terminé le 10 décembre, au plus tard.

Il consiste dans la préparation et la démonstration de trois pièces anatomiques.

Le jury se compose de tous les professeurs de l'hôpital ; il est présidé par l'un des officiers de santé en chef, selon l'ordre de tours réglé par l'article 139 (modifié) de la présente instruction.

Tous les chirurgiens sous-aides des hôpitaux de Paris peuvent prendre part au concours pour l'emploi de préparateur à l'hôpital militaire de perfectionnement.

ARTICLE 78.

Désignation d'office à ces emplois.

Les officiers de santé en chef se concertent lorsqu'il y a lieu de pourvoir provisoirement, par des désignations d'office, aux emplois de préparateur et d'aide-préparateur qui deviennent vacants; mais ces désignations ne sont valables que jusqu'aux résultats d'un nouveau concours, qui doit être immédiatement ouvert suivant les règles établies (art. 74 et 75).

Article 84.

Personnel attaché au laboratoire de chimie.

Il est attaché au laboratoire de chimie, au cabinet de physique, aux collections d'histoire naturelle et de matière médicale, un sous-aide, un élève de première division et deux infirmiers militaires, dont l'un peut être pris parmi les infirmiers-majors.

Le sous-aide porte le titre de préparateur, et l'élève, celui d'aide-préparateur de chimie et de physique. Ils sont nommés au concours.

Article 85.

Concours pour les emplois de préparateur et d'aide.

Le concours pour ces deux emplois consiste :

1.° Dans l'installation et la mise en activité de deux appareils de chimie, ainsi que dans la démonstration de l'opération elle-même ;

2.° Dans l'exécution d'une expérience de physique médicale et dans l'exposition de la théorie qui s'y rattache.

On se conforme du reste, pour le concours et les nominations provisoires aux emplois de préparateur et d'aide-préparateur, aux règles établies, articles 74, 75, 76, 77 et 78.

Article 89.

Prosecteur choisi parmi les sous-aides.

Le professeur de pathologie chirurgicale et de médecine opératoire est assisté d'un prosecteur choisi, par les officiers de santé en chef, parmi les sous-aides. Celui-ci est responsable, envers le professeur, des instruments qui servent aux démonstrations des opérations chirurgicales.

Article 91.

Chirurgiens sous-aides et élèves de garde.

Le président par quartier désigne, chaque jour, des chirurgiens sous-aides et élèves pour être de garde, à raison de :

Pour le service des malades,

1 chirurgien sous-aide et 1 élève, jusqu'à 300 malades ;

2 chirurgiens sous-aides et 1 élève, de 301 à 600 malades, et progressivement dans les mêmes proportions ;

Pour le service de la pharmacie,

(Quel que soit le nombre des malades.)

1 chirurgien sous-aide et 1 élève, parmi ceux attachés au service de la pharmacie.

ARTICLE 92.

(*Supprimé.*)

ARTICLE 99.

Fonctions particulières attribuées aux élèves.

Tous les sous-aides et élèves, indépendamment de leurs devoirs ordinaires, sont tenus de remplir, suivant les besoins du service, les fonctions particulières qui leur sont assignées par les officiers de santé en chef, dont la décision leur est transmise par l'officier de santé sous les ordres de qui ils se trouvent placés.

Lorsque les circonstances l'exigent, les élèves peuvent être chargés du service de sous-aides dans le même hôpital, sans que néanmoins ils aient droit à un traitement en raison de ce service.

ARTICLE 101.

Compte rendu des infractions, punitions, etc.

Tous les jours où il y a des cours, l'aide-major de semaine fait remettre à chaque professeur la liste des sous-aides et élèves qui sont absents pour cause légitime.

Le professeur fait lui-même l'appel des sujets qui doivent assister à son cours. Il visite, immédiatement après sa leçon, ceux qui n'ont pas répondu à l'appel, pour connaître le motif de leur absence, et il en transmet la liste, avec ses observations, au président par quartier, ainsi qu'au chef du service spécial dans lequel sont employés ces sous-aides et élèves.

Les professeurs punissent, pour la première absence, d'un jour de garde ; pour la récidive, de deux à quatre tours de garde ; et enfin, pour la troisième fois, de un à quatre jours d'arrêts simples. Il est immédiatement rendu compte de ces punitions aux officiers de santé en chef, qui sont tenus d'en informer sur le champ le sous-intendant militaire.

Si quelques sous-aides ou élèves persistent dans l'inexacti-

tude ou le mauvais vouloir à suivre ponctuellement les cours,
il en est rendu compte au sous-intendant militaire, par un
rapport des officiers de santé en chef. Ce fonctionnaire, après
avoir vérifié et apprécié les faits qui y sont relatés, inflige des
punitions plus sévères, provoque une admonition par l'intendant militaire ou par le Ministre, ou, enfin, demande l'ex-
clusion, en transmettant le rapport à l'intendant militaire, et
en se conformant, à l'égard des sous-aides, aux dispositions
de la loi du 19 mai 1834.

Article 107.

Visites.

Lorsque les officiers de santé et les chirurgiens élèves doivent
faire une visite de corps, ou recevoir à l'hôpital les officiers-
généraux ou les inspecteurs généraux, l'intendant militaire di-
visionnaire ou l'intendant militaire inspecteur et les inspecteurs
médicaux, ils se réunissent chez le président par quartier, qui
est chargé de les présenter.

Article 113.

Fixation des pensions.

Les officiers de santé en chef fixent le nombre des pensions
et leur prix dans un esprit de sage économie. Les pensions ne
peuvent être établies ou changées qu'avec leur autorisation.

Article 115.

Dettes.

Les officiers de santé en chef s'attachent à connaître les ha-
bitudes de leurs subordonnés. Ils s'efforcent par leurs conseils,
leurs avis, et, au besoin, en recourant à la réprimande, de
ramener à une vie régulière et studieuse ceux qui se montre-
raient enclins à la dissipation.

Ils se font rendre compte et tiennent note de la manière de
vivre de leurs subordonnés, et gardent par-devers eux l'adresse
de leurs pensions et de leurs logements ; ils exigent, pour ceux
qui auraient besoin d'être particulièrement surveillés, que les
quittances du prix des pensions et des logements leur soient
représentées chaque mois.

Si ces moyens de surveillance sont insuffisants, on a recours
aux punitions, et le sous-intendant militaire, sur le rapport
qui lui en est fait, prescrit, pour l'acquittement des dettes, des

retenues sur les appointements de l'officier de santé ; il en détermine aussi l'emploi ou l'application.

Dans ce but, l'officier de santé en chef, de la profession à laquelle appartient l'officier de santé qui a contracté des dettes, se fait remettre le livret de solde de cet officier de santé, reçoit des mandats mensuels de paiement, et, après les lui avoir fait acquitter, il en fait toucher le montant chez le payeur.

Sur la somme ainsi perçue, il fait remettre à l'officier de santé endetté celle que le sous-intendant militaire, sur son rapport, a reconnue indispensable pour les dépenses de logement, de nourriture et d'entretien ; il fait appliquer le surplus au paiement des dettes.

Il est établi, pour chaque officier de santé endetté, un livret spécial, sur lequel est enregistré chaque titre de créance et son montant. L'officier de santé débiteur y met la déclaration qu'il reconnaît la créance. Dans les premiers jours de chaque mois, l'officier de santé en chef porte au livret, à la suite du compte ouvert à chaque créance, la somme qu'il a payée ; cet enregistrement est appuyé d'une quittance revêtue de son visa.

Lorsque la dette est soldée, le titre et toutes les quittances d'à-compte sont remis à l'officier de santé, lequel en donne récépissé à l'officier de santé en chef, qui conserve le livret spécial.

Dans le cas de dettes anciennes, considérables et nombreuses, l'officier de santé en chef, sous l'approbation du sous-intendant militaire, peut affecter aux dépenses de nourriture de l'officier de santé endetté un prix moindre que celui de la pension ordinaire.

Le livret, les mémoires ou les titres de créance et les acquits résultant de dettes déjà en partie remboursées sont réunis en un bordereau, lequel est arrêté par l'officier de santé en chef compétent, et certifié par le sous-intendant militaire. Ce bordereau, en cas de mutation, doit suivre l'officier de santé jusqu'à sa nouvelle destination.

Les dettes autres que celles ci-dessus énoncées sont payées au moyen de la retenue du cinquième des appointements, lorsqu'elles ont été reconnues par l'officier de santé. Cette retenue est ordonnée par le sous-intendant militaire, sur l'avis de l'officier de santé en chef compétent, par les soins de qui elles sont acquittées.

Il est bien entendu que les retenues opérées en vertu d'oppositions juridiques doivent recevoir leur plein et entier effet ; mais elles n'excluent pas celles qui seraient jugées nécessaires dans le cas prévu par le présent article, et qui auraient été autorisées par le sous-intendant militaire.

Ceux des chirurgiens-élèves qui, ne recevant pas une indemnité sur les fonds du trésor, ne sauraient être passibles de retenues, sont mis en demeure de se libérer dans un délai que détermine le sous-intendant militaire, et qui ne peut excéder trois mois. Si, dans les termes de ce délai, ils ne justifient pas qu'ils se sont libérés, leur licenciement est proposé au Ministre par l'intendant militaire, qui fait connaître la nature de la dette ; on se conforme, à cet égard, aux formalités prescrites par l'article 25 de l'ordonnance du 12 août 1836. Le Ministre statue sur la proposition.

Les dispositions du présent article sont applicables dans tous les hôpitaux militaires de l'intérieur et de l'Algérie.

ARTICLE 119.

Tenue du contrôle.

Le contrôle est tenu par l'officier de santé en chef président, ainsi que la matricule prescrite à l'article 122.

A défaut d'un local spécial, le cabinet du président par quartier est établi dans la salle des conférences, où il y a un bureau et une armoire pour renfermer le contrôle, la matricule, le registre des punitions et les autres archives de la présidence.

ARTICLE 126.

Officiers de santé changeant de poste.

Dans tous les hôpitaux militaires de l'intérieur et de l'Algérie, lorsqu'un officier de santé reçoit une nouvelle destination, l'intendant militaire de la division qu'il quitte fait dresser, d'après la matricule, un état récapitulatif des services de cet officier de santé, vu et vérifié par le sous-intendant militaire, et l'envoie à l'officier-général ou à l'intendant militaire (suivant le cas) de la division dans laquelle doit être employé l'officier de santé.

Lorsqu'un chirurgien sous-aide reçoit une nouvelle destination, le sous-intendant militaire chargé de la surveillance administrative de l'hôpital auquel ce sous-aide était attaché, se fait remettre immédiatement, pour être adressés à l'intendant militaire de la division :

1.º Le relevé du registre des punitions ;

2.º Un état des notes délibérées, comme celles qui sont rédigées pour l'inspection administrative.

S'il s'agit d'un chirurgien sous-aide ou élève qui passe d'un hôpital d'instruction dans les hôpitaux de Paris, on joint aux pièces qui précèdent la copie de la fiche individuelle mentionnée à l'article 23 de la présente instruction.

Ces pièces sont transmises sans délai à l'intendant militaire de la division dans laquelle le chirurgien sous-aide doit être employé, afin que ce fonctionnaire en donne communication aux nouveaux chefs de cet officier de santé.

ARTICLE 137.

Feuilles de classement remises aux officiers de santé en chef.

Les feuilles de classement sont remises, dans les 24 heures qui suivent la fin de l'examen, aux officiers de santé en chef, et celui d'entre eux qui préside, les conserve pour l'usage indiqué ci-après.

ARTICLE 138.

Examens annuels.

Tous les ans, il est procédé, dans chacun des hôpitaux militaires d'instruction de Lille, Metz et Strasbourg, en présence de tous les professeurs réunis en jury, à l'examen général des sous-aides et élèves qui ont suivi les cours.

ARTICLE 141.

Époques fixées pour les examens.

L'ouverture des examens a lieu du 1.ᵉʳ au 15 août de chaque année, et leur clôture le 31 du même mois.

Le sous-intendant militaire chargé de la police administrative de l'établissement prend place au bureau qui lui a été préparé, à portée de celui destiné au jury. Il annonce l'ouverture des examens ; indique l'officier de santé à qui est dévolue la présidence du jury, aux termes de l'art. 139 (modifié) de la présente instruction ; il fait l'appel des candidats, dont la liste est immédiatement affichée dans la salle des séances ; il invite ensuite le président du jury à commencer les opérations des examens.

Le sous-intendant militaire assiste à toutes les séances, en rédige le procès-verbal; et prononce la clôture des examens.

Les examens sont publics; chacun d'eux comprend une ou plusieurs séances, en raison du nombre des candidats.

Chacun doit se présenter aux examens en tenue militaire.

L'insertion au Journal militaire tiendra lieu de notification.

Le Président du Conseil, Ministre Secrétaire d'État de la guerre,

Signé Maréchal Duc de Dalmatie.

PRIX : 50 CENTIMES.

SE VEND A METZ,

CHEZ VERRONNAIS, IMPRIMEUR-LIBRAIRE ET LITHOGRAPHE,
Rue des Jardins, 14.